www.ingramcontent.com/pod-product-compliance
Lightning Source LLC
Chambersburg PA
CBHW041824110726
48006CB00019B/2496

نُبْذَةٌ عَنِ الْكَاتِبة

كَاتِبَةٌ وَرَسَّامَةٌ، حَاصِلَةٌ عَلَى مَاجِسْتِيرٍ إِدَارَةِ الْأَعْمَالِ.

انتصار أحلام

نجلاء حمودة

AUSTIN MACAULEY PUBLISHERS™
LONDON • CAMBRIDGE • NEW YORK • SHARJAH

الْإِهْـــدَاءُ

إِلَى وَالِدَيَّ، إِلَى زَوْجِي وَأَوْلَادِي، إِلَى رُوحِ حَمَايَ الْعَزِيزِ!

«أَحْلَامُ.. أَحْلَامُ.. هَيَّا انْهَضِي.. عَزِيزَتِي.. هَيَّا!» فَتَحَتْ
(أَحْلَامُ) عَيْنَيْهَا بِكَسَلٍ عَلَى صَوْتِ أُمِّهَا وَهِيَ تَحُثُّهَا عَلَى
النُّهُوضِ.. رَأَتْ خُيُوطَ الشَّمْسِ تَتَسَرَّبُ مِنْ نَافِذَةِ
غُرْفَتِهَا الصَّغِيرَةِ.. فَجْأَةً لَمَعَتْ عَيْنَاهَا وَتَذَكَّرَتْ بِفَرَحٍ
أَنَّ الْيَوْمَ هُوَ أَوَّلُ أَيَّامِ الدِّرَاسَةِ، وَأَنَّهَا سَتَرْتَدِي زِيَّ
الْمَدْرَسَةِ الْجَمِيلَ، وَتَذْهَبُ إِلَى مَدْرَسَةِ الْقَرْيَةِ؛ لِتَتَعَلَّمَ
الْقِرَاءَةَ وَالْكِتَابَةَ، وَتَلْعَبَ مَعَ أَصْدِقَاءَ
جُدُدٍ فِي عُمْرِهَا.
«أَصْدِقَاءُ جُدُدٌ!» تَحَمَّسَتْ (أَحْلَامُ) كَثِيرًا لِلْفِكْرَةِ،
وَأَسْرَعَتْ لِتُجَهِّزَ نَفْسَهَا، وَتُرَافِقَ وَالِدَهَا إِلَى ذَاكَ
الْمَكَانِ الْجَدِيدِ الْمَلِيءِ بِالْأَطْفَالِ وَالْأَلْعَابِ!

(أَحْلَامُ) فَتَاةٌ رِيفِيَّةٌ صَغِيرَةٌ تُحِبُّ الزُّهُورَ كَثِيرًا،
وَمُطَارَدَةَ الْفَرَاشَاتِ، وَأَكْلَ الْفَوَاكِهِ الطَّازَجَةِ
مِنْ بُسْتَانِ جَدِّهَا.
تَقْضِي كَامِلَ يَوْمِهَا فِي لَعِبِ (الْغُمِّيضَة)، وَلُعْبَةِ
الْمُرَبَّعَاتِ مَعَ أَطْفَالِ الْجِيرَانِ، وَحِينَ تَحِنُّ إِلَى الْحَلْوَى
تَغْمِسُ الْخُبْزَ مَعَ بَعْضِ الشَّايِ، وَتَعِيشُ
يَوْمَهَا بِسَعَادَةٍ.
كَانَتْ فَتَاةً هَادِئَةً وَمُدَلَّلَةً، تَعِيشُ طُفُولَةً جَمِيلَةً فِي
دِفْءِ حِضْنِ تِلْكَ الْعَائِلَةِ الْكَبِيرَةِ الْمَلِيئَةِ
بِالْعَمَّاتِ وَالْأَعْمَامِ.
كَانَ عَالَمُهَا بَسِيطًا وَسَعِيدًا! لَا شَيْءَ يُكَدِّرُ صَفْوَ سَمَائِهَا
الصَّافِيَةِ، وَلَا أَحَدَ يُنَغِّصُ عَلَيْهَا فَرَحَهَا الطُّفُولِيَّ الدَّائِمَ!

لَمْ تَكُنِ الْمَدْرَسَةُ كَمَا تَوَقَّعَتْهَا (أَحْلَامُ)،أَحَسَّتْ هُنَاكَ بِمَعْنَى الْغَضَبِ، وَالْحُزْنِ، وَخَيْبَةِ الْأَمَلِ؛ فَقَدْ كَانَ بَعْضُ الْأَطْفَالِ الْمُشَاغِبِينَ يَضْرِبُونَهَا أَحْيَانًا، وَيَسْخَرُونَ مِنْهَا أَحْيَانًا أُخْرَى،

1 +
1 -
1 ×

وَفِي الْفَصْلِ لَمْ تَكُنْ تَسْمَعُ مَا كَانَ الْمُدَرِّسُ يَقُولُ؛ لِأَنَّهَا كَانَتْ مَشْغُولَةً بِمُرَاقَبَةِ الْعَصَافِيرِ فِي الْخَارِجِ عَبْرَ النَّافِذَةِ وَجُلُّ تَفْكِيرِهَا فِي الْعَوْدَةِ إِلَى الْبَيْتِ.

وَحِينَ يَسْأَلُهَا الْمُدَرِّسُ عَنِ الدَّرْسِ لَا تَعْرِفُ بِمَا تُجِيبُ؛
فَيَغْضَبُ مِنْهَا، ويُعَاقِبُهَا، وَيَضْحَكُ زُمَلَاؤُهَا
سُخْرِيَةً وَاستِهْزَاءً!
لَمْ تَكُنْ تَعْرِفُ حَتَّى الْحُرُوفَ، وَكَانَتْ تُنَاضِلُ لِتَكْتُبَ
تَارِيخَ الْيَوْمِ بِدُونِ أَنْ تَسْتَهْلِكَ كُلَّ الصَّفْحَةِ.
لَمْ تَجِدْ مَنْ يُدَرِّسُ لَهَا فِي الْبَيْتِ، فَوَالِدَتُهَا لَا تَقْرَأُ وَلَا
تَكْتُبُ، وَكَذَلِكَ عَمَّاتُهَا، أَمَّا وَالِدُهَا فَكَانَ
دَائِمًا مَشْغُولًا بِعَمَلِهِ.
كَانَ عِقَابُ الْمُدَرِّسِ مُتَكَرِّرًا وَيَوْمِيًّا حِينَ لَا تُنْجِزُ
وَاجِبَاتِهَا، وَحِينَ تُخْطِئُ فِي الْإِجَابَةِ، وَلَطَالَمَا أَخْطَأَتْ
فِيهَا، وَلَطَالَمَا لَمْ تَعْرِفْ كَيْفَ تُنْجِزُ وَاجِبَاتِهَا!
وَفِي نِهَايَةِ السَّنَةِ الدِّرَاسِيَّةِ كَانَتْ دَرَجَاتُهَا مُتَدَنِّيَةً،
وَرُتْبَتُهَا الْأَخِيرَةُ فِي الْفَصْلِ! كَمْ تَأَلَّمَتْ عِنْدَمَا شَاهَدَت
نَظْرَةَ الْحُزْنِ فِي عَيْنَيْ وَالِدَتِهَا، وَكَمْ حَزَّ فِي نَفْسِهَا أَنْ
تُخَيِّبَ ظَنَّهَا وَتَرْسُبَ!

FINAL GRADE
D-

قَرَّرَتْ دَاخِلَهَا أَلَّا تَقْبَلَ الْهَزِيمَةَ، وَأَنْ تَسْتَرْجِعَ عِزَّهَا
وَثِقَتَهَا بِنَفْسِهَا، فَقَرَّرَتْ أَنْ تَبْنِيَ شَخْصِيَّةً جَدِيدَةً.
كَانَتْ فِيمَا مَضَى مَلِكَةَ الضَّيعَةِ، وَمَصْدَرَ فَخْرِ عَائِلَتِهَا،
وَالْآنَ سَتَكُونُ مَلِكَةَ الدِّرَاسَةِ مَهْمَا كَانَتِ الظُّرُوفُ
وَالْأَوْضَاعُ، لَنْ تَقْبَلَ بِدَوْرِ الطِّفْلَةِ الْمَظْلُومَةِ الْمُنْكَسِرَةِ
الَّتِي تَجْلِسُ فِي اكْتِئَابٍ تَحْتَ حَائِطِ الشُّرْفَةِ؛ خَجَلًا
مِنْ نَظْرَةِ النَّاجِحِينَ.
لَا تَدْرِي كَيْفَ، وَمَا الطَّرِيقَةُ، وَكَيْفَ السَّبِيلُ، وَلَكِنَّهَا
سَتَعْمَلُ مَا بِوُسْعِهَا وَكُلَّ مَا تَسْتَطِيعُ؛ لِتَصِلَ إِلَى
تِلْكَ الْمَكَانَةِ الَّتِي فَقَدَتْهَا!
مَرَّتِ الْعُطْلَةُ الصَّيْفِيَّةُ بِبُطْءٍ، وَلَمْ تَسْتَطِعْ أَنْ تَنْعَمَ
بِتِلْكَ السَّعَادَةِ الطُّفُولِيَّةِ الَّتِي كَانَتْ تَنْغَمِسُ فِيهَا قَبْلَ
ذَلِكَ، وَلَا أَنْ تَسْتَطْعِمَ خُبْزَ الشَّايِ الَّذِي كَانَتْ تُحِبُّهُ،
وَلَا أَنْ تُطَارِدَ الْفَرَاشَاتِ الَّتِي تَتَرَاقَصُ
فَوْقَ وَرْدِ الْبُسْتَانِ.

هَلَّتِ السَّنَةُ الدِّرَاسِيَّةُ الْجَدِيدَةُ، وَعَادَتِ الطِّفْلَةُ الصَّغِيرَةُ وَهِيَ تَحْمِلُ مِحْفَظَتَهَا الْبَالِيَةَ، وَتَرْتَدِي ثِيَابَهَا الْقَدِيمَةَ، وَلَكِنَّهَا تَحْمِلُ دَاخِلَهَا إِصْرَارًا جَدِيدًا، وَشُعُورَ مُحَارِبٍ وَحِيدٍ يُرِيدُ أَنْ يَهْزِمَ جَيْشًا عَرَمْرَمًا: الْأَوْلَادَ الْمُزْعِجِينَ، وَالدِّرَاسَةَ الصَّعْبَةَ، وَالْخَوْفَ مِنَ الْمُدَرِّسِ! نَعَمْ، سَتَهْزِمُ كُلَّ هَذَا، وَبِكُلِّ حَزْمٍ.

مُنذُ الْحِصَّةِ الْأُولَى، مُنْذُ الْحَرْفِ الْأَوَّلِ كَانَ هَمُّهَا الَّا تَدَعْ حَرْفًا يَفْلِتُ مِنْهَا، وَكَانَتْ ذَاكِرَتُهَا وَحَوَاسُّهَا الْخَمْسُ مُتَحَفِّزَةً لِقَنْصِ كُلِّ جُمْلَةٍ يَنْطِقُهَا الْمُعَلِّمُ، وَحَفَرَهَا فِي ذَاكِرَتِهَا.

حُرِّيَّتِهَا، وَكَرَامَتِهَا، وَحَرْبُ الشَّرَفِ الَّتِي تَخُوضُهَا، كُلُّهَا تَكْمُنْ فِي قُدْرَتِهَا عَلَى حَلِّ شِفْرَةِ هَذِهِ الْحُرُوفِ وَالْكَلِمَاتِ وَالْأَرْقَامِ، فَإِمَّا أَنْ تَنْتَصِرَ، وَإِمَّا أَنْ تَنْتَصِرَ.

بِرَغْمِ إِزْعَاجِ زُمَلَائِهَا، وَمُحَاوَلَتِهِمْ تَشْتِيتَ انْتِبَاهِهَا، إِلَّا إِنَّ (أَحْلَامَ) كَانَتْ تُرَكِّزُ فِي الدَّرْسِ، وَتَسْتَوْعِبُ مَا يَقُولُهُ الْمُدَرِّسُ، أَطْفَأَتْ كُلَّ الْمَوْجُودِينَ مِنْ حَوَاسِّهَا، وَعَزَلَتْ سَمْعَهَا عَنْ عِبَارَاتِ السُّخْرِيَةِ، وَالضَّحِكِ، وَاللَّهْوِ، وَالثَّرْثَرَةِ مَعَ التَّلَامِيذِ الْجُدُدِ، تَجَاهَلَتْ كُلَّ هَذَا، وَتَرَكَتْ شُعَاعًا وَاحِدًا مُسَلَّطًا عَلَى هَذَا الْمُدَرِّسِ الَّذِي لَا يُلْقِي لَهُ أَغْلَبُ الصَّفِّ بَالًا، وَلَا اهْتِمَامًا.

كَانَ هُوَ نَفْسَ مُدَرِّسِ السَّنَةِ الْمَاضِيَةِ، بِوَجْهِهِ
الْمُسْتَدِيرِ، وَشَعْرِهِ الْأَشْيَبِ، وَبَطْنِهِ الْبَارِزِ، وَشَارِبِهِ
الْكَثِيفِ، وَلَكِنَّهَا لَمْ تَكُنْ نَفْسَ طَالِبَةِ السَّنَةِ الْمَاضِيَةِ،
أَوْ قَدْ تَكُونُ هِيَ نَفْسَ الطَّالِبَةِ الصَّغِيرَةِ الْخَجُولَةِ
بِشَكْلِهَا الْهَادِئِ الْبَرِيءِ، وَعَيْنَيْهَا الْحَالِمَتَيْنِ، وَلَكِنَّهَا الْيَوْمَ
مَسْكُونَةٌ بِشَخْصِيَّةٍ مُخْتَلِفَةٍ وَجَدِيدَةٍ، شَخْصِيَّةٍ مُتَمَرِّدَةٍ
تَحْمِلُ غَضَبًا مُصِرَّةً عَلَى انتِزَاعِ حَقِّهَا فِي النَّجَاحِ
والتَّفَوُّقِ، تُرِيدُ أَنْ تَفْرِضَ وُجُودَهَا، وَأَنْ تَرْبَحَ الْمَعْرَكَةَ!

1+1=
1x1=1
1÷1=1

اكْتَشَفَتْ مُنْذُ الْحِصَّةِ الْأُولَى أَنَّ الْأَمْرَ لَيْسَ بِتِلْكَ الصُّعُوبَةِ. يَكْفِي أَنْ يَكُونَ كُلُّ تَرْكِيزِهَا عَلَى مَا يَقُولُهُ الْمُدَرِّسُ، وَالْبَاقِي يَأْتِي بِسُهُولَةٍ.

فَرِحَتْ كَثِيرًا حِينَ سَأَلَ الْمُدَرِّسُ سُؤَالًا عَنِ الدَّرْسِ، وَرَفَعَتْ يَدَهَا الصَّغِيرَةَ لِتُجِيبَ بِخَجَلٍ، بَيْنَمَا كَانَ كُلُّ مَنْ فِي الصَّفِّ وَاجِمًا وَسَمِعَتْهُ يَرُدُّ: «أَحْسَنْتِ! أَحْسَنْتِ يَا أَحْلَامُ! إِجَابَةٌ صَحِيحَةٌ!

كَمْ تَحَمَّسَتْ، وَرَقَصَ قَلْبُهَا فَرَحًا وَطَرَبًا لِسَمَاعِ ذَلِكَ، لَمْ تُصَدِّقْ أُذُنَيْهَا وَتَحَفَّزَتْ، وَتَشَجَّعَتْ لِخَوْضِ غِمَارِ الْمَعْرَكَةِ!

كَانَ أَدَاؤُهَا يَتَطَوَّرُ، وَحَمَاسُهَا يَزْدَادُ يَوْمًا بَعْدَ آخَرَ، كَانَتِ الطِّفْلَةُ الصَّغِيرَةُ تَتَلَقَّفُ تَعْلِيمَاتِ الْمُدَرِّسِ وَكَأَنَّهَا أَوَامِرُ مُقَدَّسَةٌ، لَمْ تَعُدْ تَتَوَجَّهُ إِلَى الْمَطْبَخِ حِينَ عَوْدَتِهَا مِنَ الْمَدْرَسَةِ وَهِيَ تَتَضَوَّرُ جُوعًا، وَلَمْ تَفْعَلْ مِثْلَ بَنَاتِ جِيرَانِهَا اللَّوَاتِي يُسْرِعْنَ لِلَّعِبِ وَالْجَرْيِ.

كَانَ هَمُّهَا إِنْهَاءَ الْوَاجِبَاتِ قَبْلَ أَنْ تَطِيرَ الْمَعْلُومَاتُ مِنْ ذَاكِرَتِهَا وَلَا تَجِدَ مَنْ يَشْرَحُ لَهَا أَوْ يُسَاعِدُهَا لَاحِقًا، وَبَعْدَ ذَلِكَ تَحْتَفِلُ بِاللَّعِبِ وَالْجَرْيِ وَالْأَكْلِ.

أَضْحَى كُلُّ يَوْمٍ دِرَاسِيٍّ بِالنِّسْبَةِ لَهَا حَفْلَ انْتِصَارٍ كَبِيرٍ، كُلُّ كَلِمَةِ شُكْرٍ مِنَ الْمُدَرِّسِ وِسَامُ تَقْدِيرٍ، وَجَوْهَرَةٌ جَدِيدَةٌ عَلَى تَاجِهَا الْمَلَكِيِّ.

كَانَ أَقْصَى مَا تُعَانِيهِ أَنْ تُخْطِئَ إِجَابَةَ أَحَدِ الْأَسْئِلَةِ، أَوْ أَنْ يَفُوزَ عَلَيْهَا، أَوْ يَتَفَوَّقَ شَخْصٌ آخَرُ.

مَعَ نِهَايَةِ الْفَصْلِ الدِّرَاسِيِّ جَاءَتِ النَّتَائِجُ مُبْهِرَةً. لَقَدْ تَفَوَّقَتْ (أَحْلَامُ)، بَلْ وَأَحْرَزَتْ أَعْلَى الدَّرَجَاتِ عَلَى مُسْتَوَى الْمَدْرَسَةِ.

كَمْ فَرِحَتْ حِينَ حَضَرَ الْمُدِيرُ، وَسَلَّمَهَا شَهَادَةَ تَقْدِيرٍ مَعَ جَائِزَةٍ، وَهِيَ عِبَارَةٌ عَنْ مَجْمُوعَةِ قِصَصٍ جَمِيلَةٍ ذَاتِ صُوَرٍ زَاهِيَةِ الْأَلْوَانِ! فَأَحَسَّتْ أَنَّهَا قَدِ انْتَصَرَتْ أَخِيرًا.

لَمْ تَكْتَفِ (أَحْلَامٌ) بِمَا حَقَّقَتْهُ، بَلْ وَاصَلَتِ اجْتِهَادَهَا وَتَفَوُّقَهَا، بَلْ إِنَّهَا أَصْبَحَتْ تَقْضِي جُلَّ أَوْقَاتِ فَرَاغِهَا فِي مَكْتَبَةِ الْمَدْرَسَةِ؛ لِتَزِيدَ مِنْ زَادِهَا اللُّغَوِيِّ وَتُطَوِّرَ مَعَارِفَهَا.
أَمَّا فِي الْبَيْتِ فَكَانَتْ تَبْذُلُ جَهْدَهَا لِلتَّدْرِيسِ لِإِخْوَتِهَا الصِّغَارِ، وَتَعْلِيمِهِمُ الْقِرَاءَةَ وَالْكِتَابَةَ، بَلْ إِنَّهَا أَحْيَانًا تُخَصِّصُ وَقْتًا لِتُعَلِّمَ أَطْفَالَ الْجِيرَانِ الصِّغَارِ.